Beliebte Klassiker

aus aller Welt

> Autorin: Gudrun Ruschitzka | Fotos: Michael Brauner

Inhalt

Immer gefragt: klassische Lieblingsgerichte

Jede Epoche und natürlich auch jedes Land hat seine eigene Küche. Sie haben sich im Laufe der Zeit entwickelt und bieten eine Reihe guter, bewährter Gerichte, auf die man gern zurückgreift. Sogar schnelllebige »Küchentrends« können den erprobten klassischen Gerichten nichts anhaben, denn wer will sich beim häuslichen Sonntagsessen schon gern von »Fastfood« oder gesunden Miniportiönchen ernähren? Klassische Küche – das sind solide und bekannte Gerichte mit frischen Salaten, guten Suppen, saftigen Braten und leckeren Desserts. Und vielleicht entdecken Sie hier ja auch das eine oder andere vertraute Familienrezept ...

Rinderbrühe kochen

Selbst gekochte Rinderbrühe ist etwas Köstliches. Ihr Geschmack kommt besonders gut zur Geltung, wenn man sie nur mit Salz, Pfeffer, Muskat und etwas Streuwürze abschmeckt. Dann kann sie entweder als Trinkbrühe mit verschiedenen Einlagen serviert oder für Suppen, Eintöpfe und Fondues verwendet werden. Das nebenstehende Grundrezept ergibt 3,5 l Rinderbrühe.

➤ 1 kg Rinderknochen
2 Markknochen
1 kg Rindfleisch (Brustkern oder Beinscheibe)
1 große Zwiebel
je 2 Möhren und Petersilienwurzeln
1 Stange Lauch
1/4 Knollensellerie
2 Stängel Liebstöckel
2 Lorbeerblätter
10 schwarze Pfefferkörner
5 Pimentkörner
1 getrocknete Chili

TIPPS

➤ Brühe können Sie auf Vorrat kochen und einfrieren.

➤ Damit Sie die Würzzutaten nicht einzeln aus der Flüssigkeit fischen müssen, können Sie die Zwiebel spicken. Für ein »Grundrezept Gespickte Zwiebel« wird 1 Lorbeerblatt mit 1–2 Nelken an einer geschälten Zwiebel festgesteckt.

1 *Rinderknochen klein hacken, mit den Markknochen und dem Fleisch waschen und in 4 l kaltem Wasser aufkochen. Ca. 4 Std. offen am Siedepunkt ziehen lassen.*

2 *Die Zwiebel halbieren, die Schnittflächen in einer Pfanne ohne Fett anrösten. Möhren, Petersilienwurzeln, Lauch und Sellerie putzen und grob zerkleinern.*

3 *Das Gemüse mit den Kräutern, den Gewürzen und der Chili zur Brühe geben. Ist das Fleisch gar, die Brühe durch ein feines Sieb oder ein Küchentuch passieren.*

Kochschule

Bouquet garni

nennt man Kräuter-, Gewürz-
oder Gemügesträußchen, die
mitgekocht werden und ein
feines Aroma geben. In der
mediterranen Küche stellt
man Sträußchen aus Salbei,
Rosmarin, Thymian und
Lorbeerblättern zusammen.
Für Fisch- oder Geflügelge-
richte verwendet man Gebin-
de aus Petersilie, Fenchelgrün
und Estragon.

Tomaten häuten

Tomaten kreuzweise leicht
einschneiden, 1 Min. in kochendem Wasser brühen. Kalt
abschrecken, Haut abziehen.

Letscho

800 g Tomaten häuten, vierteln. 1 kg Paprikaschoten putzen, in Stücke schneiden. 50 g
Räucherspeck und 2 Zwiebeln
klein würfeln. Speck anbraten,
60 g Schweineschmalz und
Zwiebeln dazugeben. Anbräu-
nen, mit 1 TL edelsüßem
Paprikapulver bestäuben.
Tomaten und Paprika untermengen. Salzen, pfeffern. Bei
schwacher Hitze in ca. 1 Std.
weich dünsten.

Rehrücken spicken 1

Damit während des Bratens das
magere Fleisch nicht austrocknet,
kann man es spicken. Dafür 4 cm
lange und bleistiftdicke Speck-
streifen mit Hilfe einer Spickna-
del in kurzen Abständen durch
die obere Fleischschicht ziehen.

Forellen vorbereiten 2

Um Forelle blau in gekrümm-
ter Form zu servieren, bindet
man sie rund. Mit einer Nadel
Küchengarn durch Unterkiefer
und Schwanzansatz ziehen, den
Fisch zusammenziehen, ver-
knoten und so garen.

Orangen filetieren 3

Die Früchte so dick schälen,
dass auch die weiße Haut voll-
ständig entfernt ist. Mit einem
scharfen Messer die Filets zwi-
schen den Trennhäuten herausschneiden und vorsichtig auslö-
sen. Den Saft auffangen.

Fruchtkugeln 4

Am einfachsten geht das mit
Kugelausstechern in verschiedenen Größen. Damit lassen
sich aus dem Fruchtfleisch von
Melonen, Mangos, Papayas
oder Kiwis schöne, gleichmäßige
Kugeln herausdrehen. Sie sehen hübsch in einer Bowle aus.

Beilagen

Kartoffelklöße

Für 3 Personen 1 kg geschälte Pellkartoffeln reiben und mit 200 g Kartoffelmehl, 1 TL Salz und frisch geriebener Muskatnuss mischen. Mit 1/2 Tasse kochendem Wasser überbrühen und 2 Eier unterarbeiten. Aus dem geschmeidigen Teig Klöße formen, je 4 geröstete Weißbrotwürfel in die Mitte drücken. Die Klöße in siedendem Salzwasser 20 Min. gar ziehen lassen.

Kartoffelkroketten

Für 4 Personen 1 kg mehlig kochende Kartoffeln schälen, in Stücke schneiden und in Salzwasser garen. Abgießen, ausdampfen lassen und durch die Presse drücken. Mit 2 EL Butter, 3 Eigelben, 2 EL Mehl, Pfeffer und frisch geriebener Muskatnuss zu einem geschmeidigen Teig verarbeiten und daraus kurze, daumendicke Kroketten formen. Portionsweise in heißem Öl in ca. 4 Min. goldbraun ausbacken.

Kartoffelpüree

Für 4 Personen 1 1/4 kg mehlig kochende Kartoffeln schälen, vierteln und in Salzwasser garen. Das Wasser abgießen, Kartoffeln ausdampfen lassen und mit dem Kartoffelstampfer zerdrücken. 1/4 l kochende Milch einrühren, mit frisch geriebener Muskatnuss und Salz würzen und 2 EL Butter untermengen. Wichtig: Das Püree nur so lange schlagen, bis es locker ist. Schlägt man es weiter, wird Stärke freigesetzt, die das Püree klebrig macht.

Kartoffelpuffer

Für 4 Personen 1 1/2 kg Kartoffeln schälen, waschen und fein reiben. 1 geschälte Zwiebel dazureiben und mit 2 Eiern, 2 EL Mehl und 1 TL Salz gut vermischen. In einer Pfanne Öl oder Butterschmalz erhitzen. Pro Puffer 2 EL Masse hineingeben, mit dem Löffel flach streichen und von jeder Seite ca. 5 Min. braten. Wer seine Puffer nicht zu fettig möchte, kann sie vor dem Servieren auf Küchenpapier abtropfen lassen.

Petersilienkartoffeln

Für 4 Personen 1 kg kleine vorwiegend fest kochende Kartoffeln schälen und in Salzwasser in ca. 20 Min. gar kochen. 1 Bund Petersilie waschen, trockenschütteln und fein hacken. 3 EL Butter mit etwas Salz aufschäumen lassen, Kartoffeln und Petersilie darin schwenken und sofort servieren. Zu Fischgerichten schmecken aber auch Dillkartoffeln, für die die Petersilie durch 1 Bund klein gehackten Dill ersetzt wird.

Spätzle

Für 4 Personen 500 g Mehl mit 6 Eiern und 1/2 TL Salz verrühren. Den Teig so lange schlagen, bis er Blasen wirft. Ist er zu fest, esslöffelweise noch etwas Milch dazugeben. Den Teig nach und nach auf ein Holzbrett geben und mit einem Messer in kochendes Salzwasser schaben oder mit dem Spätzlehobel hineinhobeln. Sobald die Spätzle an der Oberfläche schwimmen, herausheben, in kaltem Salzwasser abschrecken. Abtropfen lassen und in zerlassener Butter schwenken.

Rotkohl

Für 4 Personen 1 kg Rotkohl putzen und in feine Streifen schneiden. Je 1 Apfel und 1 Zwiebel schälen, klein schneiden und in 2 EL Gänseschmalz anbraten. Den klein geschnittenen Rotkohl und je 4 Wacholderbeeren und Pimentkörner, 2 Nelken, 1 Lorbeerblatt, etwas Salz, Pfeffer, Zucker und Essig dazugeben. Je 1/4 l Apfelsaft und Brühe zugießen und den Rotkohl abgedeckt ca. 1 Std. köcheln lassen.

Rosenkohl

Für 4 Personen 500 g Rosenkohl putzen, die Strünke kreuzweise einschneiden. In kochendem Salzwasser in etwa 10 Min. bissfest garen. 80 g Räucherspeck klein würfeln und in je 1 EL Öl und Butter anbraten. Den Rosenkohl abgießen, gut abtropfen lassen, zugeben und darin schwenken. Mit Pfeffer und frisch geriebener Muskatnuss würzen.

Snacks und Salate

Ob als Auftakt zu einem mehrgängigen Menü oder einfach nur so für zwischendurch: Snacks und Salate sind echte Dauerbrenner! Da nicht nur Europa, sondern auch die Welt immer mehr kulinarisch zusammenwächst, ist die Bandbreite an klassischen Appetizern inzwischen riesengroß und reicht vom griechischen Tsatsiki über die französische Ratatouille bis zum deutschen Kartoffelsalat. Doch egal in welches Land die kulinarische Reise gehen soll – lecker sind die Rezepte in diesem Kapitel alle.

Blitzrezepte

Bayerischer Wurstsalat

FÜR 4 PERSONEN

➤ 500 g Fleischwurst │ 4 Gewürzgurken
mit Sud │ 2 Zwiebeln │ 2 EL Kapern
2 EL Senf │ je 4 EL Essig und Öl
2 EL Meerrettich │ Salz │ Pfeffer
1 EL Schnittlauchröllchen

1 │ Wurst häuten, in dünne Scheiben
schneiden. Gurken klein würfeln. Die
Zwiebeln schälen und in dünne Ringe
schneiden. Die Kapern grob hacken.

2 │ Senf, Essig und 5 EL Gurkensud
mischen. Öl, Meerrettich und Kapern
unterrühren, salzen und pfeffern.

3 │ Alle Zutaten mit der Marinade vermengen, den Salat kurz durchziehen
lassen. Vor dem Servieren mit den
Schnittlauchröllchen bestreuen.

Tsatsiki

FÜR 4 PERSONEN

➤ 1 große Salatgurke │ 3 Knoblauchzehen
700 g Sahnejoghurt (10 % Fett) │ Salz
Pfeffer │ je 2 EL Essig und Olivenöl
2 EL gehackter Dill

1 │ Die Gurke schälen und grob in eine
Schüssel raspeln. Knoblauch schälen und
zur Gurke pressen. Den Joghurt untermischen.

2 │ Mit Salz, Pfeffer, Essig und Öl pikant
abschmecken und kalt stellen. Vor dem
Servieren mit Dill bestreuen. Schmeckt
zu Fladenbrot, gebackenen Kartoffeln,
gegrillten Lammkoteletts, kaltem Fleisch
oder Geflügel.

vegetarisch | mediterran

Ratatouille

FÜR 4 PERSONEN

➤ 2 mittelgroße Auberginen

3 Fleischtomaten

je 2 Gemüsezwiebeln und Knoblauchzehen

3 Zucchini

je 1 rote, gelbe und grüne Paprikaschote

1/8 l Olivenöl

je 1 EL Majoran und Thymian

2 Lorbeerblätter

Salz | Pfeffer

2 EL Zitronensaft

1 Bund Basilikum

🕐 Zubereitung: 1 Std. 15 Min.
➤ Pro Portion ca.: 300 kcal

1 | Das Gemüse putzen. Die Auberginen in Stücke schneiden, salzen und zur Seite stellen. Die Tomaten häuten, entkernen und grob würfeln. Zwiebeln und Knoblauch klein würfeln. Zucchini in Scheiben, Paprika klein schneiden.

2 | Das Öl erhitzen und die Zwiebeln darin anbraten. Auberginen trockentupfen und mitbraten. Die Paprikastücke zugeben und 5 Min. braten. Zucchini, Tomaten, Kräuter und Lorbeerblätter zugeben. Mit Salz, Pfeffer und Zitronensaft würzen und bei schwacher Hitze abgedeckt ca. 45 Min. schmoren.

3 | Basilikumblättchen in Streifen schneiden, über die fertige Ratatouille streuen.

Spezialität aus Russland

Gefüllte Piroggen

FÜR 4 PERSONEN

➤ 40 g getrocknete Steinpilze

450 g TK-Hefeteig

2 Zwiebeln

100 g Räucherspeck

1 EL Butterschmalz

300 g Weinsauerkraut

100 ml Weißwein (ersatzweise Brühe)

je 1 TL Kümmel und Zucker

Cayennepfeffer

250 g saure Sahne | 1 Ei

2 EL gehackter Schnittlauch

Salz | Pfeffer

🕐 Zubereitung: 1 Std.
🕐 Ruhezeit: 45 Min.
➤ Pro Portion ca.: 660 kcal

1 | Die Pilze in warmem Wasser einweichen. Den Hefeteig auftauen, durchkneten und 15 Min. ruhen lassen.

2 | Zwiebeln schälen, mit dem Speck klein würfeln und im heißen Schmalz anbraten. Sauerkraut etwas zerrupfen und mit dem Wein dazugeben. Pilze ausdrücken, hacken und untermischen. Kräftig würzen und 15 Min. garen. Etwas abkühlen lassen. 2 EL Sahne unterrühren.

3 | Den Teig ausrollen und in 16 Quadrate von je 10 x 10 cm schneiden. Auf jedes Quadrat 1 EL Kraut setzen. Das Ei trennen, die Teigränder mit Eiweiß bestreichen und den Teig zu einem Dreieck falten. Die Ränder fest andrücken. Mit einer Gabel leicht einstechen. Auf einem mit Backpapier ausgelegten Blech 45 Min. ruhen lassen.

4 | Den Backofen auf 200° vorheizen. Die Piroggen mit Eigelb bestreichen und im Ofen (Mitte, Umluft 180°) in etwa 30 Min. goldbraun backen. Restliche Sahne und Schnittlauch verrühren, würzen und als Dip servieren.

➤ Variante: Wer möchte, kann das Rezept mit Hackfleisch, Schinken, Quark und Champignons variieren.

im Bild vorne: **Gefüllte Piroggen** *im Bild hinten:* **Ratatouille** ➤

gelingt leicht

Caesar Salat

FÜR 4 PERSONEN

- ➤ 1 Knoblauchzehe
- 100 g Parmesan
- 2 Sardellenfilets
- 2 frische Eigelbe
- 3 EL Zitronensaft
- 1 TL Worcestersauce
- 1 TL Senf
- Salz | Pfeffer
- 160 ml Olivenöl
- 2 Scheiben Kastenweißbrot
- 60 g Räucherspeck
- 2 Köpfe Romana-Salat

🕐 Zubereitung: 45 Min.
➤ Pro Portion ca.: 520 kcal

1 | Knoblauch schälen, halbieren und die Salatschüssel damit ausreiben. Eine Hälfte des Parmesans grob hobeln, die andere fein reiben. Die Sardellen abspülen, trockentupfen und fein hacken.

2 | Die Eigelbe mit Zitronensaft, Worcestersauce, Senf, Sardellen, etwas Salz und Pfeffer verrühren. Das Öl bis auf 2 EL zuerst tropfenweise, dann in dünnem Strahl unter ständigem Rühren unterschlagen, bis eine dickliche Sauce entsteht. Den fein geriebenen Parmesan unterrühren.

3 | Das Brot entrinden und in 1 1/2 cm große Würfel schneiden. Den Speck fein würfeln. Das restliche Öl erhitzen und den Speck darin ausbraten. Herausheben. Im restlichen Bratfett die Brotwürfel goldbraun braten.

4 | Den Salat putzen und waschen, die Blätter zerrupfen und mit dem Dressing vermengen. Mit gehobeltem Parmesan und den Brot-Speck-Würfeln servieren.

Spezialität aus den USA

Cole Slaw

FÜR 8 PERSONEN

- ➤ 1 kleiner Kopf Weißkraut (ca. 800 g)
- 60 g Räucherspeck
- 1 EL Öl
- 300 g Möhren
- 2 Äpfel (z. B. Boskop)
- 4 Stangen Staudensellerie
- 3 EL Apfelessig
- Salz | Pfeffer
- 1 TL Zucker
- 300 g Mayonnaise (Fertigprodukt)
- 2 EL grob gehackte Walnusskerne

🕐 Zubereitung: 40 Min.
➤ Pro Portion ca.: 385 kcal

1 | Das Weißkraut putzen und vierteln, dabei den Strunk entfernen. Das Kraut in feine Streifen schneiden. Den Speck klein würfeln und im Öl knusprig ausbraten. Mit den Krautstreifen vermischen.

2 | Die Möhren und Äpfel schälen, aus den Äpfeln das Kernhaus herausschneiden. Möhren und Äpfel grob raspeln. Den Sellerie putzen und in dünne Scheiben schneiden.

3 | Alles mit dem Kraut vermengen und mit Essig, Salz, Pfeffer und Zucker pikant abschmecken. Zum Schluss die Mayonnaise unterheben und den Salat 30 Min. durchziehen lassen. Den Salat vor dem Servieren mit den Nüssen bestreuen.

TIPP Wer es gern süß-sauer mag, mischt kleine Ananasstückchen (aus der Dose) unter den Krautsalat.

gut vorzubereiten

Salade Niçoise

FÜR 4 PERSONEN

- ➤ 2 Eier
  1 Dose Tunfisch in Öl (150 g Abtropfgewicht)
  2 milde weiße Zwiebeln
  500 g Tomaten
  1 kleine Salatgurke
  2 Kopfsalatherzen
  6 Anchovis (in Salz eingelegte Sardellenfilets)
  2 EL Weinessig
  Salz | Pfeffer
  1 Prise Zucker
  1 TL Senf | 6 EL Olivenöl
  60 g schwarze Oliven

- ⏱ Zubereitung: 50 Min.
- ➤ Pro Portion ca.: 360 kcal

1 | Die Eier in 8–10 Min. hart kochen. Kalt abschrecken, pellen und achteln. Den Tunfisch gut abtropfen lassen.

2 | Die Zwiebeln schälen und in Ringe schneiden. Die Tomaten waschen und in schmale Spalten schneiden. Die Gurke schälen, längs halbieren und die Hälften in dünne Scheiben schneiden. Die Salatblätter abzupfen, waschen und gut trockenschleudern. Die Anchovis längs halbieren.

3 | Für die Vinaigrette den Essig mit etwas Salz und Pfeffer, dem Zucker, Senf, Olivenöl und 1 EL kochendem Wasser verrühren.

4 | Alle Salatzutaten in einer Salatschüssel vorsichtig vermischen und mit einigen Eiachteln, Oliven und Anchovis garnieren. Den Salat mit der Vinaigrette beträufeln.

- ➤ Beilage: frisches Baguette

preiswert

Kartoffelsalat

FÜR 4 PERSONEN

- ➤ 1 kg kleine vorwiegend fest kochende Kartoffeln
  1 Zwiebel
  80 g Räucherspeck
  3 EL Öl
  knapp 1/4 l Fleischbrühe (s. S. 4)
  1 TL Senf
  3 EL Apfelessig
  Salz | Pfeffer
  Zucker
  4 Gewürzgurken mit Sud
  1 Bund Schnittlauch

- ⏱ Zubereitung: 1 Std.
- ⏱ Durchziehzeit: 2 Std.
- ➤ Pro Portion ca.: 490 kcal

1 | Die Kartoffeln waschen, mit Wasser bedecken und in 20–25 Min. gar kochen. Abgießen und die Kartoffeln abkühlen lassen (das kann bereits am Vortag geschehen).

2 | Die Kartoffeln pellen und in Scheiben schneiden. Die Zwiebel schälen und wie den Speck klein würfeln. Das Öl erhitzen und den Speck darin knusprig ausbraten. Die Zwiebelwürfel in der Brühe erhitzen. Die Brühe mit Senf, Essig, Salz, Pfeffer und etwas Zucker kräftig abschmecken. Zusammen mit dem Speck unter die Kartoffeln mischen.

3 | Die Gurken klein schneiden und mit 3–4 EL Gurkensud unter den Salat mischen. Den Schnittlauch in Röllchen schneiden, ebenfalls untermengen. Abgedeckt ca. 2 Std. durchziehen lassen. Noch einmal abschmecken und nach Belieben mit Ei-, Gurken-, Tomaten- oder Radieschenscheiben garnieren.

- ➤ Variante: 1 kleine geschälte Salatgurke in dünne Scheiben hobeln und untermischen. Oder den Salat mit einer leichten Mayonnaise zubereiten.

gut vorzubereiten

Vitello tonnato

FÜR 4 PERSONEN

- ➤ je 1 Petersilienwurzel, Möhre, Selleriestange
  1 gespickte Zwiebel (s. S. 4)
  1/4 l trockener Weißwein
  Salz | 500 g Kalbsnuss
  3 Sardellenfilets
  2 EL kleine Kapern
  1 Dose Tunfisch im eigenen Saft (150 g Abtropfgewicht)
  1 unbehandelte Zitrone
  100 ml Olivenöl, Pfeffer

- ⏱ Zubereitung: 1 Std. 45 Min.
- ➤ Pro Portion ca.: 460 kcal

1 | Das Gemüse putzen, waschen und grob zerschneiden. Mit der Zwiebel, dem Wein und etwas Salz in 1 l Wasser aufkochen. Das Fleisch einlegen (es muss bedeckt sein) und ca. 1 Std. sanft köcheln lassen. Im Sud auskühlen lassen.

2 | Die Sardellen mit 1 EL Kapern hacken. Tunfisch abtropfen lassen und zerpflücken. 1/2 Zitrone auspressen, die andere Hälfte in dünne Scheiben schneiden.

3 | Sardellen, gehackte Kapern und Tunfisch mit etwas Kalbsbrühe pürieren. Nach und nach das Öl zugießen, bis eine glatte, sämige Sauce entsteht. Mit Zitronensaft, Salz und Pfeffer abschmecken.

4 | Das Fleisch aus dem Sud heben, in dünne Scheiben schneiden und anrichten. Mit der Sauce übergießen, mit Kapern bestreuen und mit Zitronenscheiben garnieren. Bis zum Servieren kalt stellen.

- ➤ Beilage: Ciabatta, Weißbrot
- ➤ Getränk: Orvieto

herzhaft | fürs Buffet

Quiche Lorraine

FÜR 1 FEUERFESTE FORM (28 CM Ø)

- ➤ 200 g Mehl | 5 Eier | Salz
  5 EL Milch
  100 g kalte Butter
  je 150 g Räucherspeck und gekochter Schinken
  150 g Gruyère
  1 Bund Schnittlauch
  200 g Sahne | Pfeffer
  frisch geriebene Muskatnuss

- ⏱ Zubereitung: 40 Min.
- ⏱ Kühlzeit: 45 Min.
- ⏱ Backzeit: ca. 45 Min.
- ➤ Bei 12 Stücken pro Stück ca.: 350 kcal

1 | Für den Mürbeteig das Mehl auf eine Arbeitsfläche sieben. In die Mitte eine Mulde drücken und 1 Ei, 2 Prisen Salz und die Milch hineingeben. 80 g Butter in kleinen Stückchen auf dem Rand verteilen. Mit einem Messer bröselig hacken und rasch zu einem glatten Teig verkneten. Den Teig rund ausrollen, in die Form legen und dabei einen Rand festdrücken. Den Boden mehrmals mit einer Gabel einstechen. 45 Min. kalt stellen.

2 | Speck und Schinken klein würfeln. Die restliche Butter erhitzen, den Speck darin ausbraten und auf Küchenpapier abtropfen lassen. Den Käse grob reiben. Den Schnittlauch waschen und in Röllchen schneiden.

3 | Den Backofen auf 200° vorheizen. Die Sahne mit den restlichen 4 Eiern verquirlen und mit Salz, Pfeffer und Muskatnuss würzen. Speck, Schinken, Käse und Schnittlauchröllchen unterrühren und auf dem Teig verteilen. Die Quiche im Ofen (Mitte, Umluft 180°) in ca. 45 Min. goldbraun backen.

im Bild vorne: Vitello tonnato (Kalbfleisch mit Tunfischsauce) *im Bild hinten:* Quiche Lorraine ➤

Suppen und Eintöpfe

Kein Wunder, dass ein Gourmet einst von der Suppe behauptete, sie sei die »Geliebte des Magens« – ein heißes Süppchen erwärmt den Körper, erfreut die Seele und vermittelt zugleich ein Gefühl von Ruhe und Wohlbehagen. Diese Erkenntnis ist allerdings nicht neu – im Gegenteil, werden doch seit Generationen die Suppen gern gemeinsam (aus)gelöffelt ... Und wer einen der beliebten Eintöpfe zubereitet, sollte gleich reichlich kochen, denn meist schmecken sie aufgewärmt noch besser!

Blitzrezepte

Kalte Gurkensuppe

FÜR 3 PERSONEN

➤ 2 Salatgurken | 1 Knoblauchzehe
2 EL Olivenöl | 800 g Sahnejoghurt
Salz und Pfeffer | Zucker | Saft von
1/2 Zitrone | 1 Bund Dill

1 | Die Gurken schälen, 1/4 Gurke beiseite
legen, den Rest grob würfeln. Den Knoblauch schälen und mit den Gurkenwürfeln,
dem Olivenöl, dem Joghurt und nach Be-
darf etwas Wasser pürieren.

2 | Mit Salz, Pfeffer, Zucker und Zitronen-
saft pikant abschmecken. Die restliche
Gurke fein würfeln oder Perlen daraus
ausstechen. Den Dill grob hacken. Die
Suppe damit garnieren. Edel: mit Lachs-
streifen oder gegarten Shrimps garnieren.

Schnelle Tomatensuppe

FÜR 2 PERSONEN

➤ 1 große Dose Tomaten (480 g Abtropf-
gewicht) | 1 Knoblauchzehe | Salz und
Pfeffer | Zucker | 2 EL Gin | 1/2 Bund
Basilikum | 100 g saure Sahne

1 | Die Tomaten mit 1/8 l Wasser in einem
Topf leicht pürieren. Den Knoblauch
schälen und dazupressen. Mit Salz, Pfeffer
und 2 Prisen Zucker würzen und aufkochen. Mit dem Gin abschmecken.

2 | Die Basilikumblättchen abzupfen und
klein schneiden. Auf jede Portion Suppe
einen Klecks Sahne setzen und mit etwas
Basilikum bestreuen. Dazu schmeckt
knuspriges Knoblauchbrot.

vitaminreich
Gazpacho

FÜR 4 PERSONEN

➤ 4 Fleischtomaten
je 1 kleine rote und grüne Paprikaschote
1 Salatgurke
1 kleine Zwiebel
1 Knoblauchzehe
1 EL Rotweinessig
1/4 l Mineralwasser
4 EL Olivenöl
Salz | Pfeffer | Zucker
Tabascosauce
1/2 Bund Kerbel
Eiswürfel

🕐 Zubereitung: 45 Min.
🕐 Kühlzeit: 1 Std.
➤ Pro Portion ca.: 130 kcal

1 | Fleischtomaten häuten und entkernen (s. S. 5). Das Fruchtfleisch von 3 Tomaten grob hacken, das der restlichen sehr fein würfeln und kühl stellen. Die Paprika vierteln, putzen und waschen und ebenfalls fein würfeln. Kühl stellen.

2 | Gurke, Zwiebel und Knoblauch schälen. Ein Drittel der Gurke grob zerkleinern (nach Belieben die Kerne herauskratzen), den Rest fein würfeln und kühl stellen. Zwiebel und Knoblauch grob hacken.

3 | Das grob zerschnittene Gemüse im Mixer mit Essig und Mineralwasser pürieren, dabei langsam das Öl zufügen. Die Suppe pikant mit Salz, Pfeffer, 1 Prise Zucker und Tabasco abschmecken und abgedeckt kühl stellen. Mit den Gemüsewürfelchen, Kerbelblättchen und evtl. einigen Eiswürfeln servieren.

➤ Beilage: geröstete Weißbrot- und Schinkenwürfel

gelingt leicht
Minestrone

FÜR 4 PERSONEN

➤ 1 Stange Lauch
2 große Möhren | 1 Zucchino
je 150 g junge Brechbohnen und ausgepalte Erbsen
1 Zwiebel | 2 Fleischtomaten
6 EL Olivenöl
Salz | Pfeffer
1 Stängel Rosmarin
150 g Reis
1 Bund Basilikum
100 g Parmesan, frisch gerieben

🕐 Zubereitung: 1 Std. 15 Min.
➤ Pro Portion ca.: 350 kcal

1 | Das Gemüse putzen, bzw. schälen und waschen. Lauch, Möhren und Zucchino in Scheiben schneiden, die Bohnen in Stücke brechen. Die Zwiebel klein würfeln. Die Tomaten häuten (s. S. 5) und in kleine Stücke schneiden.

2 | Das Öl in einem Topf erhitzen, Zwiebel und Lauch darin andünsten. Das restliche Gemüse (ohne Tomaten) zugeben und kurz mitanschwitzen. Etwa 1 1/2 l Wasser zugießen, mit Salz und Pfeffer würzen. Rosmarin hinzufügen und 45 Min. köcheln lassen.

3 | Inzwischen den Reis bissfest kochen und 5 Min. vor Garende mit den Tomaten zur Suppe geben. Das Basilikum klein schneiden. Jede Portion mit Parmesan und Basilikum bestreuen.

➤ Varianten: Das Gemüse mit Speckwürfeln anbraten oder zusätzlich kleine weiße Bohnen oder kurze Nudeln mitgaren. Wer möchte, kann das Gemüse um Staudensellerie, Paprikaschoten, Weißkraut, Kartoffeln oder Blumenkohlröschen erweitern bzw. dagegen austauschen.

für die große Runde

Borschtsch

FÜR 6 PERSONEN

➤ je 500 g Rind- und
Schweinefleisch zum Kochen

3 Bund Suppengrün

2 gespickte Zwiebeln
(s. S. 4)

1 TL Pfefferkörner │ Salz

je 400 g Weißkraut und
Kartoffeln

1 Glas marinierte Rote Beten
(220 g Abtropfgewicht)

3 EL Butterschmalz

1/4 l Tomatensaft │ Pfeffer

je 1/2 Bund Petersilie
und Schnittlauch

250 g saure Sahne

🕐 Zubereitung: 2 Std. 30 Min.
➤ Pro Portion ca.: 215 kcal

1 │ Das Fleisch mit 2 1/2 l
Wasser bedecken, aufkochen
lassen und dabei mehrmals
abschäumen. Das Suppen-
grün waschen, klein schneiden. Die Hälfte davon mit
den Zwiebeln, Pfefferkörnern
und etwas Salz zum Fleisch
geben. Bei schwacher Hitze
ca. 2 Std. köcheln lassen.

2 │ Das Weißkraut putzen,
in Streifen schneiden oder
hobeln. Kartoffeln schälen

und klein würfeln. Rote Beten
abtropfen lassen, in Streifen
schneiden. Sud aufheben.

3 │ In einem zweiten Topf das
Butterschmalz erhitzen und
Weißkraut, Kartoffeln und
restliches Suppengrün darin
andünsten. So viel Kochbrü-
he aufgießen, dass das Gemüse bedeckt ist. In 30 Min. gar
kochen. Rote Beten und etwas
Sud untermengen.

4 │ Die Fleischbrühe durch
ein Sieb zum Gemüse gießen.
Das Fleisch würfeln und mit
dem Tomatensaft zugeben.
Würzen. Die Kräuter hacken
und über die Suppe streuen.
Die Sahne separat servieren.

gut vorzubereiten

Soljanka

FÜR 6 PERSONEN

➤ je 3 große Kartoffeln und
Zwiebeln

400 g Fleischwurst

3 saure Gurken mit Sud

1 Glas Letscho (500 ml;
s. S. 5)

4 EL Öl │ 2 EL Tomatenmark

1 1/2 l Fleischbrühe (s. S. 4)

2 Lorbeerblätter

400 g ausgelöstes Kasseler

2 EL Kapern

Salz │ Pfeffer

rosenscharfes Paprikapulver

Zucker │ 200 g saure Sahne

1 unbehandelte Zitrone

1 Bund Dill

🕐 Zubereitung: 1 Std. 30 Min.
➤ Pro Portion ca.: 1020 kcal

1 │ Kartoffeln und Zwiebeln
schälen, Kartoffeln in Würfel,
Zwiebeln in Scheiben schneiden. Die Wurst pellen und in
Streifen schneiden. Die Gurken halbieren und in Streifen
schneiden. Die Paprikaschoten im Letscho zerkleinern.

2 │ Das Öl erhitzen und
zuerst die Wurst, dann die
Zwiebeln darin anbraten. Das
Tomatenmark unterrühren
und mit Brühe ablöschen.
Gurken mit etwas Sud, Letscho, Kartoffeln und Lorbeer
zugeben und 30 Min. kochen.

3 │ Kasseler klein würfeln
und mit den Kapern zugeben.
Mit Salz, Pfeffer, Paprika und
Zucker würzen. Die Hälfte
der Sahne unterrühren.

4 │ Zitrone waschen, in Schei-
ben schneiden. Dill hacken.
Soljanka mit Zitrone, Dill und
Sahne servieren.

preiswert

Kartoffelsuppe

FÜR 4 PERSONEN

➤ 1 kg Kartoffeln

3 Möhren

1/2 kleiner Knollensellerie

2 Zwiebeln

2 Petersilienwurzeln

2 Stangen Lauch

gut 2 l Fleischbrühe (s. S. 4)

je 1 TL Majoran, Thymian und Kümmel

1 Bund Petersilie | Pfeffer

Muskatnuss, frisch gerieben

Wursteinlage nach Belieben (z.B. Wiener, Debrecziner, Fleischwurst)

🕐 Zubereitung: 1 Std. 30 Min.

➤ Pro Portion ca.: 345 kcal

1 | Kartoffeln und Gemüse schälen bzw. putzen, waschen und dann in grobe Stücke schneiden. Mit Brühe, Majoran und Thymian aufkochen und zugedeckt bei mittlerer Hitze 25 Min. köcheln lassen. Inzwischen den Kümmel im Mörser zerreiben. Die Petersilie waschen und hacken.

2 | Die Suppe mit dem Pürierstab leicht pürieren. Mit Kümmel, Pfeffer und Muskat würzen. Nach Belieben die Wurst klein schneiden und in der Suppe erhitzen. Mit Petersilie bestreut servieren.

➤ Beilage: Bauernbrot

gelingt leicht

Bohneneintopf

FÜR 4 PERSONEN

➤ 500 g Lamm- oder Rindfleisch (Nacken, Brust)

1 Bund Suppengrün

2 Zwiebeln

1 Lorbeerblatt

600 g grüne Bohnen

3 große Kartoffeln

5 Stängel Bohnenkraut (ersatzweise 1 EL getrocknetes)

60 g Räucherspeck

1 Bund Petersilie

je 1 EL Butterschmalz und Mehl

Salz | Pfeffer

🕐 Zubereitung: ca. 2 Std.

➤ Pro Portion ca.: 720 kcal

1 | Das Fleisch mit gut 1 1/2 l Wasser bedecken und zum Kochen bringen. Suppengrün waschen und putzen, die Zwiebeln schälen. Die Brühe abschäumen. Das Suppengrün, 1 Zwiebel, das Lorbeerblatt und etwas Salz zur Brühe geben und bei schwacher Hitze etwa 1 Std. köcheln lassen, bis das Fleisch weich ist.

2 | Die Bohnen putzen, in 3–4 cm lange Stücke schneiden und waschen. Die Kartoffeln schälen und klein würfeln. Die fertige Brühe durch ein Sieb in einen zweiten Topf gießen. Darin die Bohnen mit Bohnenkraut 10 Min. kochen. Kartoffeln zugeben und 15 Min. garen.

3 | Das Fleisch klein schneiden und im Eintopf erhitzen. Den Speck und die zweite Zwiebel würfeln. Die Petersilie waschen und hacken.

4 | Das Butterschmalz erhitzen, Speck und Zwiebeln darin anbraten. Mit Mehl bestäuben und unter Rühren etwas Brühe aufgießen. Aufkochen lassen. Die gebundene Brühe unter den Eintopf rühren. Abschmecken und mit Petersilie bestreut servieren.

TIPP Für eine köstliche Beilage Bauernbrot in 2 cm breite Streifen schneiden und in heißem Öl knusprig braten.

im Bild vorne: **Bohneneintopf** *im Bild hinten:* **Kartoffelsuppe** ➤

gelingt leicht | preiswert

Französische Zwiebelsuppe

FÜR 4 PERSONEN

- ➤ 700 g Zwiebeln
  3 EL Butter | 2 EL Mehl
  Salz | Pfeffer
  Muskatnuss, frisch gerieben
  1 1/2 l Fleischbrühe (s. S. 4)
  1 kleines Baguette
  1 Knoblauchzehe
  2 EL Olivenöl
  2 EL Cognac oder Portwein
  (nach Belieben)
  200 g Gruyère,
  frisch gerieben

🕐 Zubereitung: ca. 50 Min.
➤ Pro Portion ca.: 580 kcal

1 | Die Zwiebeln schälen und in dünne Ringe schneiden oder hobeln. Die Butter in einem Topf erhitzen und die Zwiebeln darin glasig dünsten. Mit Mehl bestäuben und 2 Min. anschwitzen. Mit Salz, Pfeffer und Muskat würzen und die Brühe zugießen. Abgedeckt bei schwacher Hitze ca. 25 Min. köcheln lassen.

2 | Den Backofen auf 225° vorheizen. Vom Baguette 8 fingerdicke Scheiben abschneiden. In einer Pfanne ohne Fett oder im Backofen goldbraun rösten. Den Knoblauch schälen, halbieren und jede Scheibe mit den Schnittflächen einreiben. Leicht mit Olivenöl bepinseln.

3 | Die Zwiebelsuppe mit Cognac oder Portwein abschmecken. In feuerfeste Tassen füllen, jeweils mit 2 Brotscheiben belegen und gleichmäßig mit Käse bestreuen. Im Ofen (Mitte) oder unter dem Grill in 5–7 Min. goldgelb überbacken.

gut vorzubereiten

Irish Stew

FÜR 4 PERSONEN

- ➤ 1 kg Lammfleisch ohne Knochen (Nacken oder Schulter)
  800 g Kartoffeln
  4 große Möhren
  4 Zwiebeln
  1 kg Wirsing
  2 Bund krause Petersilie
  1 Bund Thymian (ersatzweise 1 EL getrockneter)
  Salz
  Pfeffer, frisch gemahlen
  2 Stängel Rosmarin
  2 Lorbeerblätter
  ca. 1 1/4 l Fleischbrühe (s. S. 4)

🕐 Vorbereitung: 50 Min.
🕐 Garzeit: 2 Std. 30 Min.
➤ Pro Portion ca.: 1180 kcal

1 | Das Fleisch abtupfen, in mundgerechte Stücke schneiden, dabei Fett und Sehnen entfernen. Den Backofen auf 175° vorheizen.

2 | Kartoffeln, Möhren und Zwiebeln schälen und in dicke Scheiben schneiden. Wirsing putzen und streifig schneiden. Petersilie waschen, einige Stängel beiseite legen, den Rest fein hacken. Thymianblättchen abrebeln.

3 | In einen großen Topf (aus Gusseisen) abwechselnd Kartoffeln, Möhren, Zwiebeln, Wirsing und Fleisch einschichten. Jede Lage mit Salz, Pfeffer, Petersilie und Thymian würzen. Rosmarinstängel und Lorbeerblätter dazwischen legen. So viel Brühe zugießen, dass die Zutaten zu zwei Dritteln bedeckt sind. Auf dem Herd aufkochen, den Deckel schließen und im Ofen (Mitte, Umluft 160°) ca. 2 1/2 Std. ohne Umrühren schmoren. Die restliche Petersilie hacken. Das Stew damit bestreuen und servieren.

im Bild vorne: **Irish Stew**   *im Bild hinten:* **Französische Zwiebelsuppe** ➤

preiswert

Linseneintopf

FÜR 4 PERSONEN

➤ 400 g braune Linsen
  1 Stange Lauch | 2 Möhren
  1/4 Knollensellerie
  1 Petersilienwurzel
  3 Kartoffeln
  4 EL Schweineschmalz
  1 Lorbeerblatt
  1/2 TL Majoran | Salz
  3 Zwiebeln
  400 g Blutwurst
  4 EL Essig
  1 EL Zucker | Pfeffer
  Schnittlauchröllchen
  (nach Belieben)

🕐 Zubereitung: 1 Std. 30 Min.
🕐 Einweichzeit: 2 Std.
➤ Pro Portion ca.: 840 kcal

1 | Die Linsen mit reichlich Wasser bedecken und 2 Std. einweichen. Das Gemüse putzen bzw. schälen und waschen. Lauch und Möhren in Scheiben, den Rest in feine Würfel schneiden.

2 | 2 EL Schmalz erhitzen und das Gemüse ohne die Kartoffeln darin andünsten. Die Linsen mit dem Einweichwasser zugeben. Lorbeer, Majoran und etwas Salz hin-

zufügen und 20 Min. kochen lassen. Die Kartoffeln zugeben und in 20 Min. weich garen.

3 | Die Zwiebeln schälen und in Ringe schneiden. Die Blutwurst pellen und in dicke Scheiben schneiden. Das restliche Schmalz erhitzen, die Blutwurst darin knusprig braten. Herausnehmen. Im verbliebenen Fett die Zwiebeln goldgelb braten.

4 | Den Eintopf mit Essig, Zucker und Pfeffer kräftig abschmecken und mit der Blutwurst, den Zwiebelringen und Schnittlauch servieren.

gut vorzubereiten

Chili con carne

FÜR 6 PERSONEN

➤ 3 Zwiebeln
  6 Knoblauchzehen
  4 EL Öl
  800 g Rinderhackfleisch
  1 kleine Dose Tomatenmark (70 g Einwaage)
  2 Prisen Zucker
  je 1 TL Thymian, Oregano, Kreuzkümmel, rosenscharfes Paprika- und Chilipulver
  je 2 Nelken und Lorbeerblätter
  je 1/4 l Rotwein und Brühe

je 1 Dose geschälte Tomaten und Kidney-Bohnen (je 480 g Abtropfgewicht)
Tabascosauce
Salz | Pfeffer
1 Bund Basilikum
1 Bund Petersilie

🕐 Zubereitung: 2 Std.
➤ Pro Portion ca.: 490 kcal

1 | Zwiebeln und Knoblauch schälen und in dünne Scheiben schneiden. Das Öl in einem großen Topf erhitzen und darin das Hackfleisch krümelig braten. Mit einem Schaumlöffel herausheben und im Bratfett Zwiebel- und Knoblauchscheiben anbraten.

2 | Das Hackfleisch wieder in den Topf geben. Tomatenmark, Kräuter und Gewürze hinzufügen. Rotwein, Brühe und Tomaten mit dem Saft unterrühren. Bei schwacher Hitze ca. 1 Std. köcheln.

3 | Die Bohnen zugeben und 3 Min. mitköcheln. Kräftig mit Tabasco, Salz und Pfeffer abschmecken. Die Kräuter hacken und jede Portion damit bestreuen.

➤ Beilage: frisches Weißbrot

◀ *im Bild vorne:* **Linseneintopf** *im Bild hinten:* **Chili con carne**

Mit Fleisch, Fisch und Geflügel

Wenn einen kulinarisches Heim- oder Fernweh packt, dann müssen Rinderrouladen, Paella & Co. auf den Tisch. Doch das sollte bitte ohne viel Schnickschnack und auf bewährte Art geschehen: Klassiker wie Sauerbraten oder ein traditioneller Coq au vin sind da gerade richtig. Glücklicherweise wurden sie von Generation zu Generation weitergegeben, jene einfachen Rezepte für internationale Lieblingsgerichte mit Fleisch, Geflügel und Fisch. Und wir haben sie für Sie gesammelt und aufgeschrieben ...

Blitzrezepte

Heringsauflauf

FÜR 2 PERSONEN

➤ 2 Matjesfilets in Öl | 6 gekochte Pell-
kartoffeln | 1 EL Butter | 200 g saure
Sahne | 2 Eigelbe | 2 EL gehackte Pe-
tersilie | Salz und Pfeffer | Muskatnuss,
frisch gerieben

1 | Den Backofen auf 180° vorheizen. Mat-
jes abtropfen lassen und in kleine Stücke
schneiden. Die Kartoffeln pellen und in
dünne Scheiben schneiden.

2 | Eine Auflaufform mit der Butter fetten.
Matjes und Kartoffeln gleichmäßig darin
verteilen. Sahne, Eigelbe und Petersilie verrühren und mit Salz, Pfeffer und Muskat
abschmecken. Über die Matjes-Kartoffel-
Mischung gießen und im Ofen in 20 Min.
goldgelb überbacken.

Wiener Schnitzel

FÜR 2 PERSONEN

➤ 2 dünne Kalbsschnitzel (aus der Nuss)
Salz und Pfeffer | 2 EL Mehl | 1 Ei
5 EL Semmelbrösel | 2 EL Butterschmalz
Zitronenspalten | Petersilie

1 | Die Schnitzel bei Bedarf dünn klopfen.
Salzen, pfeffern und in Mehl wenden. Evtl.
überschüssiges Mehl abklopfen.

2 | Das Ei verschlagen. Die Schnitzel zuerst
im Ei, dann in den Bröseln wenden. Die
Panade leicht andrücken, überflüssige
Brösel abschütteln.

3 | Das Schmalz erhitzen und die Schnitzel
darin von jeder Seite 2 Min. goldbraun
braten. Mit Zitrone und Petersilie garnieren. Dazu schmeckt Kartoffelsalat und ein
Kopf- oder Gurkensalat.

gut vorzubereiten

Matjes nach Hausfrauenart

FÜR 4 PERSONEN

➤ 4 Matjes-Doppelfilets
  je 3 Äpfel und Zwiebeln
  5 Gewürzgurken mit Sud
  400 g saure Sahne
  3 EL Mayonnaise
  1/8 l Milch
  3 EL Apfelessig
  1 TL Zucker
  Pfeffer, frisch gemahlen
  je 8 Pfeffer- und Pimentkörner
  5 Wacholderbeeren
  je 2 Lorbeerblätter und Gewürznelken

🕐 Zubereitung: 40 Min.
🕐 Marinierzeit: ca. 2 Tage
➤ Pro Portion ca.: 870 kcal

1 │ Die Matjes in 3 cm große Stücke schneiden. Äpfel und Zwiebeln schälen. Äpfel vierteln, Kerngehäuse entfernen und das Fruchtfleisch in feine Spalten schneiden. Zwiebeln in Ringe schneiden. Gurken in Scheiben schneiden.

2 │ Sahne, Mayonnaise und Milch in einer Schüssel verrühren und mit 3–4 EL Gur-

kensud, Essig, Zucker und Pfeffer pikant abschmecken. Alle Zutaten mit der Sauce vermengen.

3 │ Den Matjes abgedeckt mindestens 2 Tage an einem kühlen Ort durchziehen lassen. Als Hauptmahlzeit mit Salzkartoffeln oder als kleinen Imbiss mit Brot reichen.

für Gäste

Karpfen polnisch

FÜR 6 PERSONEN

➤ 1 Bund Suppengrün
  2 Zwiebeln
  80 g kalte Butter
  1/2 l Malzbier
  2 Lorbeerblätter
  2 Nelken
  5 Pimentkörner
  abgeriebene Schale und Saft von 1/2 unbehandelten Zitrone
  Salz
  50 g Saucenlebkuchen (Fischpfefferkuchen)
  Pfeffer
  6 Karpfenstücke (küchenfertig, je ca. 150 g)

🕐 Zubereitung: 1 Std. 30 Min.
➤ Pro Portion ca.: 330 kcal

1 │ Das Suppengrün putzen, waschen und klein schneiden. Zwiebeln schälen und würfeln.

2 │ In einem Topf die Hälfte der Butter erhitzen und das Gemüse und die Zwiebeln darin anbraten. Das Bier dazugießen, mit den Gewürzen, der Zitronenschale und etwas Salz würzen. Abdecken und 10 Min. köcheln lassen.

3 │ Die Sauce durch ein Sieb passieren, den Lebkuchen hineinreiben und mit Zitronensaft und Pfeffer pikant abschmecken. Karpfenstücke in die Sauce einlegen und in ca. 15–20 Min. gar ziehen lassen.

4 │ Den Karpfen mit Zitronenspalten und Petersilie auf einer vorgewärmten Platte anrichten. Die restliche Butter unter die Sauce rühren und den Karpfen damit leicht übergießen. Die übrige Sauce separat reichen.

➤ Beilagen: Salz- oder Petersilienkartoffeln, Sauerkraut
➤ Getränk: Bier
➤ Variante: 3 EL eingeweichte Rosinen in die Sauce geben und diese mit etwas Rotwein, Zucker und Essig pikant abschmecken.

im Bild vorne: Matjes nach Hausfrauenart   *im Bild hinten:* Karpfen polnisch ➤

für Gäste | raffiniert

Warme Forellenfilets

FÜR 4 PERSONEN

➤ 100 g Sahne
  4 EL Preiselbeer-
  meerrettich (aus dem Glas)
  einige Salatblätter
  4 geräucherte
  Forellenfilets

🕐 Zubereitung: 20 Min.
➤ Pro Portion ca.: 480 kcal

1 | Den Backofen auf 100° vorheizen. Die Sahne steif schlagen und mit dem Meerrettich vermischen. Die Salatblätter waschen, trockenschleudern und auf Tellern anrichten.

2 | Die Forellenfilets im Ofen ca. 5 Min. leicht erwärmen. Portionsweise auf die Salatblätter setzen und mit der Meerrettichsahne garnieren.

➤ Beilage: Schön sehen ausgestochene Herzen aus Toast aus, die mit hübsch geformter Butter und einer Tomatenrose serviert werden können.
➤ Getränk: Chardonnay oder Gewürztraminer

preiswert | schnell

Forelle blau

FÜR 2 PERSONEN

➤ 1 Bund Suppengrün
  1 gespickte Zwiebel (s. S. 4)
  1/8 l Weinessig
  Salz
  2 Forellen (küchenfertig vorbereitet)
  1 unbehandelte Zitrone

🕐 Zubereitung: 40 Min.
➤ Pro Portion ca.: 200 kcal

1 | Suppengrün waschen und in grobe Stücke schneiden. In einem Topf 2 l Wasser mit dem Suppengrün, der Zwiebel, dem Essig und 1 EL Salz 15 Min. köcheln lassen.

2 | Die Forellen vorsichtig waschen und trockentupfen. Die Zitrone halbieren, eine Hälfte auspressen und die Forellen mit dem Saft beträufeln. Rund binden (s. S. 5) und im Sud 8–10 Min. pochieren. Die restliche Zitrone achteln und zur Forelle servieren.

➤ Beilagen: Salzkartoffeln, warme geschmolzene Butter, Sahnemeerrettich, Kopf- oder Gurkensalat.
➤ Getränk: Riesling, Silvaner

gelingt leicht

Forelle Müllerin

FÜR 2 PERSONEN

➤ 2 junge Forellen (küchenfertig vorbereitet)
  1/2 Tasse Milch
  Salz | weißer Pfeffer
  3 EL Mehl | 100 g Butter
  1 Zitrone in Spalten
  1/2 Bund Petersilie

🕐 Zubereitung: 30 Min.
➤ Pro Portion ca.: 660 kcal

1 | Die Forellen vorsichtig waschen (die Schleimschicht nicht verletzen) und trockentupfen. Die Milch mit Salz und Pfeffer würzen. Die Forellen durch die Milch ziehen und sofort im Mehl wenden.

2 | Die Butter in einer Pfanne erhitzen und die Forellen darin von beiden Seiten in 10–12 Min. goldbraun braten. Mit der Bratbutter, Zitronenspalten und gehackter Petersilie servieren.

➤ Beilagen: Petersilienkartoffeln, Salat
➤ Getränk: halbtrockener Riesling

für die große Runde
Paella

FÜR 6 PERSONEN

➤ 400 g Miesmuscheln

1/8 l Weißwein

200 g Garnelen in der Schale

4 Chorizos (spanische Knoblauchwürste)

200 g Hähnchenbrustfilet

2 Fleischtomaten

je 3 Zwiebeln und Knoblauchzehen

1 rote Paprikaschote

7 EL Olivenöl

Salz | Pfeffer

400 g spanischer Rundkornreis

1 1/4 l Fleischbrühe (s. S. 4)

1 Döschen Safranfäden (0,1 g)

200 g Erbsen, tiefgekühlt

Cayennepfeffer

1 Bund Petersilie

🕐 Zubereitung: ca. 2 Std.

➤ Pro Portion ca.: 690 kcal

1 | Die Muscheln unter fließendem Wasser abbürsten. Den Wein mit 1/8 l Salzwasser aufkochen und die Muscheln darin 8–10 Min. zugedeckt kochen. Geschlossene Muscheln wegwerfen. Die Garnelenschwänze schälen, auf der Rückenseite aufschneiden und den schwarzen Darm entfernen. Abspülen.

2 | Würste und Hähnchenfleisch in Scheiben schneiden. Tomaten häuten, entkernen und achteln (s. S. 5). Zwiebeln und Knoblauch schälen und würfeln. Paprika putzen und in schmale Streifen schneiden.

3 | Den Backofen auf 180° vorheizen. In einer großen Pfanne das Öl erhitzen. Nacheinander Wurst, Hähnchen und Gemüse kurz anbraten und wieder herausnehmen.

4 | Reis untermengen, Brühe zugießen. Safran und Erbsen untermischen. Mit Salz, Pfeffer und Cayennepfeffer würzen. Muscheln, Garnelen, Wurst und Fleisch zugeben. Im Ofen (Mitte, Umluft 160°) 20–25 Min. garen, bis alle Flüssigkeit aufgesogen, der Reis aber noch körnig ist. Mit gehackter Petersilie servieren.

➤ Getränk: trockener Weißwein aus Galizien, frischer Rosé aus Katalanien

1 Muscheln kochen

Muscheln müssen sich beim Kochen öffnen. Noch geschlossene Exemplare sind verdorben.

2 Garnelen schälen

Die Schale der Garnelen auf der Unterseite mit einer Küchenschere einschneiden und entfernen.

3 Paella anrichten

Muscheln, Garnelen, Wurst und Hähnchen dekorativ auf der Paella verteilen.

raffiniert | gelingt leicht

Sächsischer Lachsauflauf

FÜR 4 PERSONEN

➤ 1 unbehandelte Zitrone

4 Scheiben Lachsfilet ohne Haut (je etwa 200 g)

Salz | weißer Pfeffer

120 g Butter

1 Dose Champagner-Sauerkraut (350 g Abtropfgewicht)

200 g Crème fraîche

1/4 l Weißwein

⏱ Zubereitung: 1 Std.

➤ Pro Portion ca.: 880 kcal

1 | Zitrone heiß abwaschen und mit einem Zestenreißer die Schale abziehen. Die Frucht halbieren und auspressen. Den Lachs abspülen, gründlich trockentupfen und mit Zitronensaft, Salz und Pfeffer würzen.

2 | Den Backofen auf 200° vorheizen. Eine Auflaufform leicht buttern. Die restliche Butter mit 1 Prise Salz leicht anbräunen.

3 | Eine Lage Sauerkraut locker in der Form verteilen, darauf etwas Zitronenschale

streuen und 2 Scheiben Lachs darauf legen. Mit der Hälfte der Butter bestreichen. Mit Sauerkraut bedecken und mit etwas Zitronenschale bestreuen. Mit restlichem Lachs, Butter, Zitronenschale und Kraut ebenso verfahren.

4 | Die Crème fraîche unter den Wein rühren und über das Kraut gießen. Im Ofen (Mitte, Umluft 180°) 30 Min. überbacken.

➤ Beilage: Salzkartoffeln

➤ Getränk: Riesling (Elbtal)

für Gäste

Coq au vin

FÜR 4 PERSONEN

➤ 1 frisches Hähnchen (ca. 1,3 kg)

150 g Schalotten

2 Knoblauchzehen

100 g Räucherspeck

2 EL Mehl

Salz | Pfeffer

60 g Butter | 2 EL Öl

1/2 l Rotwein | 4 EL Cognac

1 Bouquet garni (s. S. 5)

200 g kleine Champignons

⏱ Zubereitung: 1 Std. 45 Min.

➤ Pro Portion ca.: 650 kcal

1 | Das Hähnchen in 10 Stücke teilen, waschen und trockentupfen. Die Schalotten und den Knoblauch schälen. Den Speck fein würfeln. Das Mehl kräftig salzen und pfeffern und die Hähnchenteile darin wälzen.

2 | In einem Bräter 40 g Butter und das Öl erhitzen. Speck und Schalotten darin anbraten und wieder herausnehmen. Das Fleisch im verbliebenen Fett rundum anbraten, Speck, Zwiebeln und Knoblauch zugeben und 10 Min. braten. Wein, Cognac und Bouquet garni hinzufügen und abgedeckt bei milder Hitze 40–50 Min. schmoren.

3 | Die Champignons putzen und in der Butter 5 Min. braten. Salzen und pfeffern und auf dem Coq au vin servieren.

➤ Beilage: frisches Baguette

➤ Getränk: Burgunder oder Beaujolais

TIPP Verwenden Sie zum Kochen denselben Wein, den Sie später zum Essen reichen.

preiswert

Krautwickel

FÜR 6 PERSONEN

➤ 1 TL Kümmel
1 großer Kopf Weißkohl
3 Zwiebeln | 1 EL Butter
1 altbackenes Brötchen
2 Eier
400 g gemischtes Hackfleisch
je 1/2 TL Majoran, Thymian, Kümmel- und Paprikapulver
Salz | Pfeffer | 1 Möhre
60 g Räucherspeck
3 EL Butterschmalz
1 EL Mehl | Küchengarn

🕐 Zubereitung: 2 Std. 45 Min.
➤ Pro Portion ca.: 410 kcal

1 | Reichlich Salzwasser mit Kümmel aufkochen. Kohlkopf putzen, Strunk entfernen.

Den Kopf immer wieder im Kümmelwasser blanchieren, nach und nach die Blätter ablösen. 1/2 l Blanchierwasser aufbewahren.

2 | Die Zwiebeln schälen, eine davon klein würfeln und in der Butter andünsten. Das Brötchen einweichen, ausdrücken und mit den Zwiebelwürfeln, den Eiern und dem Hackfleisch zu einem Teig verarbeiten. Kräftig würzen.

3 | Die Krautblätter auslegen. Das Hackfleisch darauf verteilen, die Blätter einschlagen, fest zusammenrollen und binden. Möhre putzen und mit den Zwiebeln und dem

Speck klein würfeln. Den Backofen auf 200° vorheizen.

4 | Speck im Butterschmalz anbraten. Krautwickel zugeben und rundum anbraten. Möhren- und Zwiebelstücke, nach Belieben auch Kraut mitbraten. Mit Blanchierwasser ablöschen und im Ofen (Mitte, Umluft 180°) 50 Min. abgedeckt schmoren.

5 | Krautwickel herausheben. Das Mehl mit 3 EL kaltem Wasser anrühren, die Sauce damit binden und 3 Min. köcheln lassen. Die Sauce zu den Krautwickeln reichen.

➤ Beilage: Salzkartoffeln

1 ▸ **Strunk entfernen**
Den Krautstrunk tief herausschneiden, da sich die Blätter sonst nicht gut ablösen.

2 ▸ **Blätter vorbereiten**
6 große Blätter flach auf der Arbeitsfläche ausbreiten und mit 2–3 kleineren Blättern belegen.

3 ▸ **Wickel binden**
Damit die Blätter nicht auseinanderfallen, diese wie ein Paket einwickeln und zusammenbinden.

Spezialität aus Ungarn

Szegediner Gulasch

FÜR 6 PERSONEN

➤ je 4 Zwiebeln und Knoblauchzehen

je 500 g Rinder- und Schweinegulasch

Salz | Pfeffer

1 TL gehackter Kümmel

2 EL Schweineschmalz

1 1/2 EL rosenscharfes Paprikapulver

2 EL Tomatenmark

1 Lorbeerblatt

1 l Fleischbrühe (s. S. 4)

1 rote Paprikaschote

1 Dose Sauerkraut (520 g Abtropfgewicht)

200 g saure Sahne

1 EL Mehl

🕐 Zubereitung: ca. 2 Std.
➤ Pro Portion ca.: 320 kcal

1 | Zwiebeln und Knoblauch schälen, in Scheiben schneiden. Das Fleisch mit Salz, Pfeffer und Kümmel würzen.

2 | Die Zwiebeln im heißen Schmalz dünsten. Paprika einstreuen und mit 1/2 Tasse Wasser ablöschen. Ist das Wasser fast verdampft, das Fleisch 10 Min. mitbraten.

3 | Knoblauch, Tomatenmark und Lorbeerblatt dazugeben. Die Hälfte der Brühe zugießen und zugedeckt bei schwacher Hitze 45 Min. schmoren. Etwas Brühe nachgießen.

4 | Paprika putzen, waschen und würfeln. Nach 45 Min. mit dem Kraut untermengen. So viel Brühe zugießen, dass alles bedeckt ist. Ca. 30 Min. köcheln lassen. Sahne und Mehl verquirlen, unterrühren und etwas durchziehen lassen.

➤ Beilage: Salzkartoffeln

gut vorzubereiten

Königsberger Klopse

FÜR 4 PERSONEN

➤ 1 unbehandelte Zitrone

1 Brötchen vom Vortag

1 Zwiebel | 3 EL Butter

1 l Brühe (s. S. 4) | 2 Eier

500 g gemischtes Hackfleisch

Salz | Pfeffer

Muskatnuss, frisch gerieben

2 EL Mehl | 200 g Sahne

80 g Kapern

🕐 Zubereitung: 1 Std. 30 Min.
➤ Pro Portion ca.: 715 kcal

1 | Zitrone waschen, Schale abreiben. Frucht halbieren und eine Hälfte auspressen. Das Brötchen einweichen und gut ausdrücken. Die Zwiebel schälen, würfeln, in 1 EL Butter glasig dünsten.

2 | Die Brühe aufkochen. Zwiebelwürfel, Zitronenschale, Brötchen und Eier unter das Hackfleisch mengen und kräftig mit Salz, Pfeffer und Muskat würzen. Kleine Klößchen formen und in der Brühe 20 Min. ziehen lassen.

3 | Das Mehl in der restlichen Butter anschwitzen. Nach und nach so viel Brühe unterrühren, dass eine sämige Sauce entsteht. 5 Min. köcheln. Sahne und Kapern zugeben und mit Zitronensaft abschmecken. Die Klopse 10 Min. in der Sauce ziehen lassen.

➤ Beilage: Salzkartoffeln

TIPP Das Originalrezept wird mit 500 g sehr fein durchgedrehtem Kalbfleisch, 2 Eigelben, 1 eingeweichten Brötchen, 10 gehackten Sardellenfilets und 1 TL abgeriebener Zitronenschale zubereitet.

im Bild vorne: **Königsberger Klopse** *im Bild hinten:* **Szegedinger Gulasch** ➤

Spezialität aus Italien

Saltimbocca alla Romana

FÜR 2 PERSONEN

➤ 4 dünne kleine Kalbs-
schnitzel (aus der Nuss)

weißer Pfeffer

1 EL Zitronensaft

2 Scheiben Parmaschinken

4 Salbeiblätter

1 EL Olivenöl

2 EL Butter

Salz

1/8 l Weißwein

Holzspieße

🕐 Zubereitung: 20 Min.

➤ Pro Portion ca.: 485 kcal

1 | Das Fleisch bei Bedarf zwi-
schen Klarsichtfolie legen
und leicht klopfen. Mit Pfeffer und Zitronensaft würzen.
2 Schnitzel mit dem Schinken
und dem Salbei belegen. Die
beiden anderen Schnitzel
darauf legen und mit Holz-
spießen feststecken.

2 | Öl und 1 EL Butter erhit-
zen und die Schnitzel darin
auf jeder Seite 2 Min. braten,
dabei leicht salzen. Aus der
Pfanne nehmen, in Alufolie
wickeln und warm stellen.

3 | Den Bratensatz mit dem
Wein ablöschen und aufko-
chen. Die restliche Butter
unter die Sauce rühren und
nochmals abschmecken. Die
Schnitzel kurz in der Sauce
erhitzen und sofort servieren.

➤ Beilagen: frisches Baguette
und Zucchinigemüse

➤ Getränk: vollmundiger
Weißwein, z. B. Marino
Colle Picchioni

gut vorzubereiten

Kaninchen in Sahnesauce

FÜR 4 PERSONEN

➤ 1 küchenfertiges junges
Kaninchen (ca. 1,5 kg, vom
Metzger in 8 Stücke zerteilt)

1 unbehandelte Zitrone

Salz | Pfeffer

100 g Räucherspeck

2 Zwiebeln

4 Knoblauchzehen

3 EL Butterschmalz

1 EL Mehl

400 ml Geflügelfond
(aus dem Glas)

200 g saure Sahne

200 g Crème fraîche

🕐 Zubereitung: 2 Std.

🕐 Marinierzeit: 1 Std.

➤ Pro Portion ca.: 990 kcal

1 | Das Fleisch abspülen und
trockentupfen. Die Zitrone
heiß waschen. Die Schale ab-
reiben, den Saft auspressen
und das Fleisch damit ein-
reiben. Salzen, pfeffern und
1 Std. marinieren.

2 | Den Backofen auf 180°
vorheizen. Den Speck wür-
feln. Zwiebeln und Knob-
lauch schälen, die Zwiebeln
grob zerschneiden.

3 | Die Kaninchenstücke in
3 EL Butterschmalz anbra-
ten. Speck, Zwiebeln und
Knoblauch zufügen. Mit
Mehl bestäuben, mit Fond
ablöschen und etwas Sahne
unterrühren.

4 | Abgedeckt im Ofen (Mitte,
Umluft 160°) ca. 1 1/4 Std.
schmoren. Immer wieder
etwas Sahne unterrühren,
das Fleisch wenden und mit
Sauce begießen. Das Ka-
ninchen herausheben und
warm stellen. Crème fraîche
in die Sauce rühren und
etwas einkochen lassen. Abschmecken und servieren.

➤ Beilagen: Kartoffelklöße,
Rotkohl und Rosenkohl

➤ Getränk: Spätburgunder

◄ im Bild vorne: **Saltimbocca**   im Bild hinten: **Kaninchen in Sahnesauce**

gut vorzubereiten

Rinderrouladen

FÜR 4 PERSONEN

➤ 3 große Zwiebeln
150 g fetter Speck
4 Gewürzgurken mit Sud
4 dünne Rindsrouladen
Salz | Pfeffer
4 EL scharfer Senf
2 EL Butterschmalz
1 EL Mehl
Rouladennadeln oder
Küchengarn

🕐 Zubereitung: 2 Std.
➤ Pro Portion ca.: 635 kcal

1 | Die Zwiebeln schälen und in Spalten, Speck und Gurken in Streifen schneiden.

2 | Die Rouladen auf beiden Seiten salzen und pfeffern. Ausbreiten, mit Senf bestreichen und mit gut zwei Dritteln der Zwiebel-, Speck- und Gurkenstückchen belegen. Rouladen fest aufrollen und feststecken bzw. binden.

3 | Das Schmalz erhitzen und die Rouladen rundum kräftig anbraten. Restliches Gemüse und Speck mitbraten. Mit so viel heißem Wasser ablöschen, dass die Rouladen halb be-

deckt sind. Etwas Senf und Gurkensud einrühren. Zugedeckt 1 1/2 Std. köcheln.

4 | Rouladen herausheben, Nadeln oder Garn entfernen, warm stellen. Das Mehl in 3 EL Wasser anrühren und die Sauce damit binden.

➤ Beilagen: Kartoffelpüree und Rotkohl

für Gäste

Sauerbraten

FÜR 4 PERSONEN

➤ 2 Zwiebeln | 1 Möhre
1 Petersilienwurzel
1/2 l kräftiger Rotwein
1/8 l milder Rotweinessig
8 Wacholderbeeren
2 Lorbeerblätter
je 1/2 TL Piment- und
Pfefferkörner
3 Gewürznelken
1 kg Rindfleisch
(z.B. Bürgermeisterstück)
Salz | Pfeffer
3 EL Schweineschmalz
1 Anschnitt Schwarzbrot
3 EL saure Sahne

🕐 Zubereitung: 2 Std. 30 Min.
🕐 Marinierzeit: ca. 3 Tage
➤ Pro Portion ca.: 530 kcal

1 | Das Gemüse schälen bzw. putzen und grob zerkleinern. Gemüse, Wein, Essig und Gewürze erhitzen und 5 Min. kochen. Auskühlen lassen. Das Fleisch mit Sud bedecken und zugedeckt an einem kühlen Ort 2–3 Tage marinieren.

2 | Fleisch und Gemüse aus der Marinade nehmen. Das Fleisch trockentupfen, salzen und pfeffern, das Gemüse abtropfen lassen.

3 | Schmalz in einem Bräter erhitzen, das Fleisch rundum kräftig anbraten. Das Gemüse kurz mitbraten und mit der Hälfte des Suds ablösen. Zugedeckt ca. 2 Std. sanft schmoren, zwischendurch Sud und evtl. Wasser nachgießen. Nach 1 Std. Garzeit das zerbröckelte Brot zugeben.

4 | Das Fleisch herausheben und kurz warm stellen. Die Sauce passieren, die Sahne unterrühren und einmal aufkochen lassen. Das Fleisch in Scheiben schneiden, mit etwas Sauce bedeckt servieren. Die restliche Sauce separat reichen.

➤ Beilage: Kartoffelklöße oder -puffer

im Bild vorne: **Rinderrouladen**   *im Bild hinten:* **Sauerbraten** ➤

für Gäste
Rehrücken Baden-Baden

FÜR 6 PERSONEN

➤ 20 g getrocknete Morcheln
1 Rehrücken (etwa 1,5 kg)
10 Wacholderbeeren
je 1 Zwiebel und Möhre
150 g geschmolzene Butter
Salz | Pfeffer
5 Scheiben Räucherspeck
3 reife Birnen
1/2 unbehandelte Zitrone
1/8 l süßer Weißwein
1/2 Zimtstange
1 Nelke
400 g saure Sahne
6 TL Preiselbeerkompott

🕐 Zubereitung: 2 Std. 15 Min.
➤ Pro Portion ca.: 630 kcal

1 | Morcheln waschen, in lauwarmem Wasser einweichen.

Rehrücken vorbereiten, Filets leicht ablösen. Rückgrat fixieren. Wacholderbeeren leicht zerdrücken. Zwiebel und Möhre schälen, zerkleinern. Backofen auf 180° vorheizen.

2 | Den Rehrücken in einem Bräter mit etwas Butter begießen, salzen, pfeffern und die Wacholderbeeren darauf verteilen. Längs mit Speckscheiben belegen. Gemüse und Morcheln mit Einweichwasser zugeben und gut 1/4 l Wasser zugießen. Im Ofen (Mitte, Umluft 160°) in ca. 60–70 Min. zartrosa braten. Nach Hälfte der Bratzeit den Speck beiseite schieben. Den Rücken mehrmals mit der restlichen Butter begießen.

3 | Die Birnen schälen, halbieren, Kerngehäuse entfernen. Die Zitrone heiß waschen, die Schale dünn abschälen. Weißwein, Schale, Zimtstange und Nelke aufkochen, Birnen einlegen und 5 Min. garen. Im Sud erkalten lassen.

4 | Fleisch und Morcheln warm stellen. Sauce passieren, mit Sahne und etwas Preiselbeersaft verfeinern, Morcheln zugeben. Die Filets ablösen, aufschneiden und wieder zusammensetzen.

5 | Die Birnenhälften mit Preiselbeeren füllen und um den Rehrücken herum arrangieren. Mit Sauce, Spätzle und Rotkohl servieren.

> 1 Rücken vorbereiten

Sorgfältig alle Sehnen und Häute entfernen – wichtig ist, das Fleisch dabei nicht zu verletzen.

> 2 Filets ablösen

Die Filets auf beiden Seiten etwas vom Rückgrat lösen, ohne sie ganz abzutrennen.

> 3 Fixieren

Der oder die Spieße im Knochenmark des Rückgrats verhindern ein Verformen beim Garen.

Desserts

Wenn es einmal schnell gehen muss, spricht ganz sicher nichts gegen fertig gekaufte Rote Grütze oder Vanilleeis aus der Tiefkühltruhe – doch wer Familie und Gäste einmal so richtig verwöhnen will, sollte es sich nicht nehmen lassen, diese süßen Verführer selbst zuzubereiten. Denn wie für alle beliebten Klassiker gilt auch hier: Selbst gemacht schmeckt's am besten!

Blitzrezepte

Evas Apfel

FÜR 4 PERSONEN

➤ 3 mürbe Äpfel | 3 EL Butter | 3 EL Zitronensaft | Zucker und Zimt, vermischt 4 Kugeln Vanilleeis | einige Blättchen Zitronenmelisse oder Minze

1 | Die Äpfel vierteln, schälen und das Kerngehäuse entfernen. In schmale Spalten schneiden.

2 | Die Butter in einer Pfanne erhitzen, die Äpfel rundum goldgelb anbraten. Mit Zitronensaft beträufeln und mit der Zucker-Zimt-Mischung bestreuen.

3 | Die Apfelspalten portionsweise kranzförmig anrichten und pro Teller 1 Kugel Eis in die Mitte setzen. Mit Melissen- oder Minzeblättchen garnieren.

Arme Ritter

FÜR 4 PERSONEN

➤ 1/2 l Milch | 2 Eier | Salz | 2 Päckchen Vanillezucker | 12 Scheiben Weißbrot vom Vortag | 200 g Semmelbrösel 4 EL Butterschmalz | Zucker und Zimt, vermischt

1 | Die Milch mit den Eiern, 1 Prise Salz und dem Vanillezucker verquirlen. Die Brotscheiben auf eine Platte legen und mit der Eiermilch begießen. Wenn das Weißbrot die Flüssigkeit völlig aufgesogen hat, in den Semmelbröseln wenden. Die Panade gut festdrücken.

2 | Je 1 EL Butterschmalz in einer Pfanne erhitzen und die Brotscheiben portionsweise von beiden Seiten goldbraun braten. Diagonal durchschneiden, mit Zimtzucker und Kompott servieren.

berühmtes Rezept
Pfirsich Melba

FÜR 4 PERSONEN

➤ 6 kleine Pfirsiche
(möglichst weißfleischig)

1/2 Vanilleschote

200 g Zucker

250 g frische Himbeeren
(ersatzweise TK-Himbeeren)

80 g Puderzucker

1 TL Zitronensaft

2 EL Himbeergeist
(nach Belieben, ersatz-
weise Himbeersaft)

4 Kugeln Vanilleeis

🕐 Zubereitung: 40 Min.
➤ Pro Portion ca.: 430 kcal

1 | Die Pfirsiche kurz in ko-
chendem Wasser blanchieren.
Die Haut abziehen. Dann die
Früchte halbieren und den
Stein entfernen.

2 | Die Vanilleschote längs
aufschlitzen, das Mark her-
auskratzen. Mark, Schote und
Zucker in 125 ml Wasser
unter Rühren 3 Min. spru-
delnd kochen. Die Pfirsichhälften in den Zuckersirup
einlegen und 5 Min. darin
gar ziehen lassen.

3 | Die Himbeeren pürieren
(TK-Früchte vorher abge-
deckt auftauen lassen), durch
ein Sieb streichen und mit
Puderzucker, Zitronensaft
und Himbeergeist verrühren.

4 | In 4 Sektschalen je 1 Eis-
kugel setzen und darauf
3 Pfirsichhälften mit der
Schnittfläche nach oben
legen. Die Pfirsiche mit dem
Himbeerpüree beträufeln
und nach Belieben mit Himbeeren, Schlagsahne und
Waffeln servieren.

Spezialität aus Italien
Zabaione

FÜR 4 PERSONEN

➤ 4 Eigelbe

60 g Zucker

1/2 TL abgeriebene Zitro-
nenschale

8 EL Marsala »fine« oder
»all'uovo«

🕐 Zubereitung: ca. 20 Min.
➤ Pro Portion ca.: 165 kcal

1 | Einen Topf mit so viel
Wasser füllen, dass die Creme
in einer passenden Schüssel
im Wasserbad aufgeschlagen
werden kann. Wichtig: Die
Schüssel darf den heißen
Topfboden nicht berühren,
sonst gibt es Rührei. Das Wasser immer nur bis zum Siedepunkt erhitzen.

2 | Eigelbe und Zucker in der
Schüssel außerhalb des Was-
serbads mit dem Schneebesen
cremig rühren. Die Schüssel
auf das heiße Wasserbad setzen und die Zitronenschale
und nach und nach den Marsala unterrühren. Die Creme
dabei so lange kräftig schlagen, bis sie schaumig wird
und ihr Volumen nahezu
verdoppelt hat.

3 | Die warme Creme sofort
in Schälchen oder Gläser füllen und nach Belieben mit
einem Hauch Schokoladen-
pulver bestreuen.

➤ Variante: In Frankreich wird
die klassische »Sabayon«
mit trockenem Weißwein
zubereitet. Sie kann auch
kalt serviert werden, wofür
die aufgeschlagene Creme
auf Eiswasser sofort wieder
kalt gerührt wird.

Crêpes Suzette

FÜR 10 CRÊPES

➤ 1/4 l Milch
  100 g Weizenmehl
  3 EL Zucker
  Salz | 2 Eier
  3 EL Butter
  3 EL Butterschmalz
  2 unbehandelte Orangen
  1/2 unbehandelte Zitrone
  8 EL Orangenlikör
  (Grand Marnier)

🕐 Zubereitung: 1 Std. 15 Min.
➤ Pro Crêpe ca.: 220 kcal

1 | Milch, Mehl, 1/2 EL Zucker und 1 Prise Salz mit dem Schneebesen glatt rühren. Den Teig 20 Min. quellen lassen, dann die Eier unterrühren. 1 EL Butter schmelzen und unter den Teig rühren.

2 | In einer Pfanne pro Crêpe 1/2 TL Butterschmalz erhitzen, eine kleine Kelle Teig hineingeben und dünn verlaufen lassen. Die Crêpes von jeder Seite 1 Min. hell backen. Abgedeckt warm halten.

3 | 1 Orange heiß waschen und mit einem Zestenreißer knapp die Hälfte der Schale abziehen. Beide Orangen und die Zitrone auspressen (sollte etwa 1/4 l Saft ergeben). In der Pfanne den restlichen Zucker hellbraun karamellisieren. Mit der Saftmischung ablöschen und die Orangenzesten, die restliche Butter und die Hälfte des Likörs zugeben. Die Sauce 10 Min. offen einkochen lassen.

4 | Die Crêpes zwei Mal zu Tüten falten. Alle Crêpes durch die Sauce ziehen und dann eng nebeneinander in die Saucenpfanne schichten. Den restlichen Likör in einer Kelle über einer Flamme erwärmen, anzünden und brennend über die Crêpes gießen. Portionsweise auf vorgewärmten Tellern anrichten und nach Belieben mit Puderzucker und Minzeblättchen servieren.

TIPP

Wer möchte, kann zusätzlich noch 1 Orange filetieren (s. S. 5), die Filets kurz in der Sauce erwärmen und mit den Crêpes servieren.

1 ▶ Crêpes backen
Wenig Teig in einer Crêpes- oder beschichteten Pfanne hauchdünn verlaufen lassen.

2 ▶ Crêpes falten
Die fertigen Crêpes zu Halbmonden falten und diese noch einmal zu Tüten zusammenlegen.

3 ▶ Crêpes flambieren
Die Crêpes in der Saucenpfanne anrichten und mit dem brennenden Likör beträufeln.

raffiniert | gelingt leicht

Kaiserschmarrn

FÜR 4 PERSONEN

➤ 3 EL Rosinen
4 EL Rum (nach Belieben)
5 Eier | Salz
1 Päckchen Vanillezucker
2 EL Zucker
knapp 1/2 l Milch
250 g Mehl | 5 EL Butter
Puderzucker zum Bestäuben

🕐 Zubereitung: 50 Min.
➤ Pro Portion ca.: 590 kcal

1 | Die Rosinen im Rum einweichen. Die Eier trennen, die Eiweiße mit 1 Prise Salz steif schlagen. Die Eigelbe mit Vanillezucker, Zucker und 1 Prise Salz schaumig rühren. Die Milch unterrühren, das Mehl dazusieben und zu einem glatten Teig rühren. Die Rosinen ausdrücken und mit dem Eischnee unterheben.

2 | In einer großen Pfanne 1 EL Butter erhitzen und die Hälfte des Teiges etwa 1/2 cm hoch hineingießen. Zugedeckt 4 Min. braten, bis die Unterseite goldgelb ist. Aus der Pfanne auf einen Teller gleiten lassen, wieder 1 EL Butter in der Pfanne erhitzen.

Den Pfannkuchen mit Hilfe eines zweiten Tellers wenden, nun die Unterseite backen. Mit 2 Gabeln in grobe Stücke reißen und warm stellen. Den restlichen Teig genauso zubereiten.

3 | Den Kaiserschmarrn in 1 EL heißer Butter schwenken und mit Puderzucker bestäubt servieren.

➤ Beilage: Pflaumen- oder Apfelkompott, Apfelmus

für Gäste | fruchtig

Bayerisch Creme mit Erdbeeren

FÜR 6 PERSONEN

➤ 700 g Erdbeeren
3 EL Orangenlikör (ersatzweise 2 EL Orangensaft)
6 Blatt weiße Gelatine
1 Vanilleschote
1/4 l Milch
200 g Sahne
4 Eigelbe
100 g Puderzucker
2 EL gehackte Pistazien

🕐 Zubereitung: ca. 1 Std.
➤ Pro Portion ca.: 320 kcal

1 | Einige schöne Erdbeeren für die Garnitur beiseite legen. Den Rest waschen, putzen und pürieren. Den Likör unterrühren und kalt stellen.

2 | Die Gelatine in kaltem Wasser einweichen. Vanilleschote aufschlitzen, das Mark herauskratzen. Mit der Milch in einen Topf geben und langsam aufkochen. Die Sahne steif schlagen.

3 | Die Eigelbe mit dem Puderzucker schaumig schlagen. Die kochende Milch unter ständigem Rühren zugießen, und so lange schlagen, bis die Masse cremig wird. Die Gelatine ausdrücken und unter die Creme rühren. Die Creme im kalten Wasserbad kalt rühren. Sobald sie zu stocken beginnt, die geschlagene Sahne unterheben.

4 | Die Hälfte der Creme in eine Glasschüssel füllen, das Erdbeermus darauf verteilen und mit der restlichen Creme bedecken. Mit den ganzen Erdbeeren garnieren und mit Pistazien bestreuen.

➤ Beilage: kleine Kokosmakronen oder Löffelbiskuits

gut vorzubereiten
Rote Grütze mit Vanillesauce

FÜR 6 PERSONEN

➤ 400 g rote Johannisbeeren
je 200 g Erdbeeren und Himbeeren
3 EL Speisestärke
1/4 l trockener Weißwein (ersatzweise Fruchtsaft)
1 unbehandelte Zitrone
125 g Zucker
Für die Vanillesauce:
3/4 l Milch
1 1/2 EL Speisestärke
1 Vanilleschote
60 g Zucker
1 Ei | 2 Eigelbe

🕐 Zubereitung: 1 Std. 15 Min.
➤ Pro Portion ca.: 290 kcal

1 | Die Beeren kurz abspülen und putzen. Die Speisestärke in etwas Wein anrühren. Die Zitrone heiß waschen und ein großes Stück Schale ganz dünn abschälen.

2 | Den restlichen Wein mit Zucker und Zitronenschale aufkochen. Die angerührte Stärke unterrühren, alle Beeren zugeben und unter Rühren aufkochen, bis die Grütze klar ist. In einer Schüssel auskühlen lassen.

3 | 3 EL Milch mit der Speisestärke verrühren. Die Vanilleschote längs aufschlitzen und das Mark herauskratzen. Die restliche Milch mit dem Mark und der Schote aufkochen und etwas abkühlen lassen.

4 | Zucker, Ei und Eigelbe schaumig schlagen. Mit der angerührten Stärke unter die Milch rühren und aufkochen. Kalt stellen. Vor dem Servieren die Schote entfernen.

berühmtes Rezept
Fürst-Pückler-Eis

FÜR 1 EISBOMBEN- ODER KASTENFORM (1 L INHALT)

➤ 250 g Erdbeeren
120 g Puderzucker
1 Vanilleschote
100 g Zartbitter-Schokolade
600 g Sahne

🕐 Zubereitung: ca. 1 Std.
🕐 Gefrierzeit: 4 Std.
➤ Pro Portion ca.: 735 kcal

1 | Die Erdbeeren abspülen, putzen. 4 schöne Beeren als Garnitur beiseite legen. Den Rest mit 50 g Puderzucker pürieren. Vanilleschote aufschlitzen, das Mark herauskratzen. Schokolade zerbröckeln, im Wasserbad schmelzen.

2 | Die Sahne steif schlagen, dabei nach und nach den Puderzucker zugeben. Die geschmolzene Schokolade unter ein Drittel der Sahne ziehen, in die Form füllen und glatt streichen. Im Tiefkühlfach 10 Min. anfrieren lassen.

3 | Das Erdbeerpüree vorsichtig unter das zweite Drittel Sahne rühren. Auf die Schokoladenschicht streichen und 10 Min. anfrieren lassen.

4 | Das Vanillemark unter die restliche Sahne heben und auf die Erdbeerschicht streichen. 4 Std. anfrieren lassen.

5 | Das »Halbgefrorene« stürzen, in Stücke schneiden und mit Erdbeeren und kleinen Sahnerosetten servieren.

TIPP Damit das Eis sich besser aus der Form löst, die Form kurz in warmes Wasser tauchen.

Zum Gebrauch
Damit Sie Rezepte mit bestimmten Zutaten noch schneller finden können, stehen in diesem Register zusätzlich auch beliebte Zutaten wie Kartoffeln oder Fisch – ebenfalls alphabetisch geordnet und **halbfett** gedruckt – über den entsprechenden Rezepten.

Hinweis Die Temperaturstufen bei Gasherden variieren von Hersteller zu Hersteller. Welche Stufe Ihres Herdes der jeweils angegebenen Temperatur entspricht, entnehmen Sie bitte der Gebrauchsanweisung.

Die Autorin

Gudrun Ruschitzka lernte das Kochhandwerk von der Pike auf und legte erfolgreich den Facharbeiterbrief als Köchin ab. Doch die Welt der Gastronomie vertauschte sie bald mit der der Bücher und begann ein Studium an der Bibliothekarschule in Leipzig. Als Diplom-Bibliothekarin arbeitete sie in verschiedenen Berliner Bibliotheken, bevor sie nach einigen Semestern Kunstgeschichte an der Uni München beim Lufthansa Party Service begann. Wie ein roter Faden zieht sich die Formel »Köchin + Bibliothekarin = Kochbuchautorin« durch ihr Leben. Denn für Familie und Freunde kocht und bäckt sie mit Leidenschaft, Bücher und Reisen sind ihre Hobbies und neben ihrer Tätigkeit bei Lufthansa schreibt sie seit Jahren erfolgreich Kochbücher für GU.

Der Fotograf

Michael Brauner arbeitete nach Abschluss der Fotoschule in Berlin als Fotoassistent bei namhaften Fotografen in Frankreich und Deutschland und machte sich 1984 dann selbstständig. Sein individueller, atmosphärenreicher Stil wird überall geschätzt: in der Werbung ebenso wie in vielen bekannten Verlagen. In seinem Studio in Karlsruhe setzt er Rezepte zahlreicher GU-Titel stimmungsvoll ins Bild.

Impressum

© 2002 GRÄFE UND UNZER VERLAG GmbH, München

Redaktionsleitung: Birgit Rademacker
Redaktion: Alessandra Redies
Lektorat: Gabriele Heßmann
Korrektorat: Nina Starost
Foodfotografie: Michael Brauner
Satz: Design-Typo-Print GmbH, Ismaning
Layout, Typographie und Umschlaggestaltung: independent Medien-Design, München
Herstellung: Maike Harmeier
Repro und Druck: Appl, Wemding
Bindung: Sellier, Freising

ISBN 3-7742-5449-4

Auflage 5. 4. 3. 2.
Jahr 2006 05 04

GRÄFE
UND
UNZER

Ein Unternehmen der
GANSKE VERLAGSGRUPPE

Das Original mit Garantie

Ihre Meinung ist uns wichtig. Deshalb möchten wir Ihre Kritik, gerne aber auch Ihr Lob erfahren. Um als führender Ratgeberverlag für Sie noch besser zu werden. Darum: Schreiben Sie uns! Wir freuen uns auf Ihre Post und wünschen Ihnen viel Spaß mit Ihrem GU-Ratgeber.

Unsere Garantie: Sollte ein GU-Ratgeber einmal einen Fehler enthalten, schicken Sie uns das Buch mit einem kleinen Hinweis und der Quittung innerhalb von sechs Monaten nach dem Kauf zurück. Wir tauschen Ihnen den GU-Ratgeber gegen einen anderen zum gleichen oder ähnlichen Thema um.

GRÄFE UND UNZER VERLAG
Redaktion Kochen
Postfach 86 03 25
81630 München
Fax: 089/41981-113
e-mail: leserservice@
graefe-und-unzer.de

GU KÜCHENRATGEBER

Neue Rezepte für den großen Kochspaß

ISBN 3-7742-4905-9

ISBN 3-7742-4906-7

ISBN 3-7742-5452-4

ISBN 3-7742-4882-6

ISBN 3-7742-4880-X

ISBN 3-7742-5451-6

Das macht die GU Küchenratgeber zu etwas Besonderem:

> ➤ *Rezepte mit maximal 10 Hauptzutaten*
> ➤ *Blitzrezepte in jedem Kapitel*
> ➤ *alle Rezepte getestet*
> ➤ *Geling-Garantie durch die 10 GU-Erfolgstipps*

Gutgemacht. Gutgelaunt.

FRISCHE KÜCHENKRÄUTER

- ➤ Zu den wichtigsten Küchenkräutern zählen Petersilie, Basilikum, Dill und Schnittlauch. Sie sollte man immer frisch zur Hand haben.
- ➤ Deshalb ist es praktisch und zudem preiswert, sie entweder im Töpfchen auf der Fensterbank oder im Garten zu ziehen.

Geling-Garantie für beliebte Klassiker

ÖLE

- ➤ Sowohl fürs Braten als auch für Salate sollten Sie nur Öle von bester Qualität verwenden. Mit naturreinem Olivenöl (extra vergine, aus erster Pressung), Distelöl (reich an essentiellen Fettsäuren), Sonnenblumenöl (kalt gepresst) und Weizenkeimöl (reich an Vitaminen) liegen Sie immer richtig.

KALORIEN SPAREN

- ➤ Sahne, Crème fraîche und Schmand lassen sich ganz oder teilweise durch saure Sahne, Joghurt oder Magerquark ersetzen.
- ➤ Anstelle dicker Mehlschwitzen kann man Saucen dicklich einköcheln lassen (reduzieren) oder mit roher geriebener Kartoffel binden.
- ➤ Fette Brühen und Schmorsaucen lässt man erkalten und hebt die Fettschicht ab.

RESTEKÜCHE I

- ➤ Wenn Suppe übrig bleibt: Die Reste mit Sahne verfeinern und als Vorsüppchen servieren.
- ➤ Die meisten Eintöpfe schmecken aufgewärmt besser als frisch zubereitet.